M. l'abbé MOTTE

AUMONIER

de l'Hôtel-Dieu de Romorantin

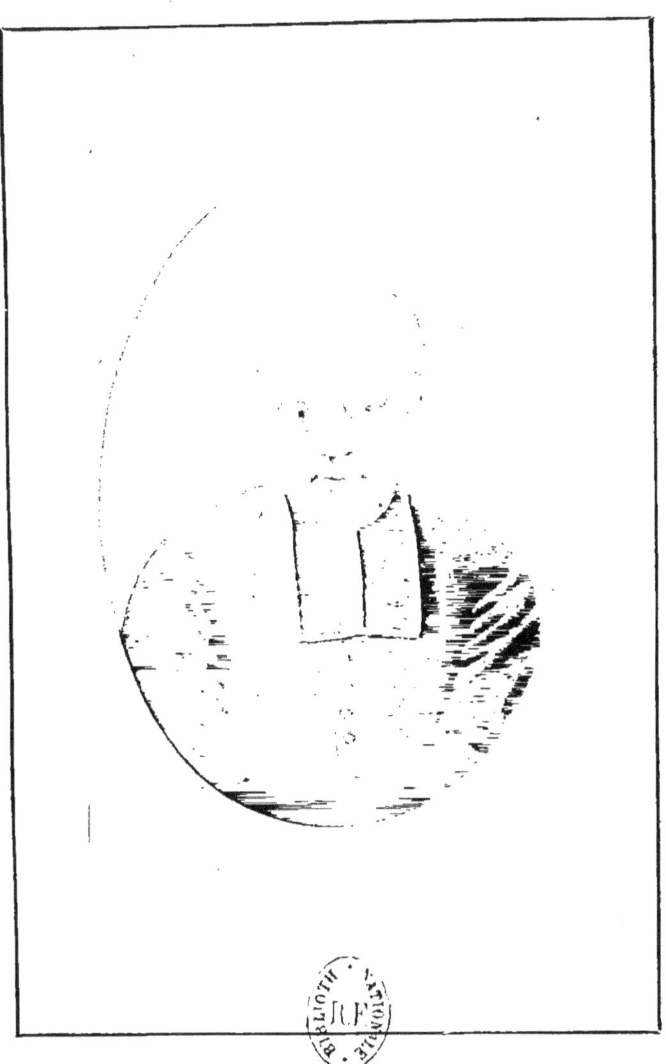

M. l'abbé MOTTE

de l'Hôtel-Dieu de Romorantin.

M. l'abbé MOTTE

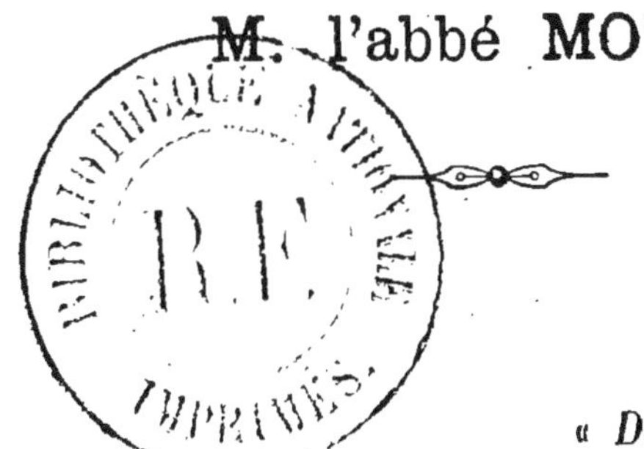

« Doux et humble.....

Ces deux paroles, par lesquelles le Christ s'est peint lui-même, pourront fournir l'épitaphe de son ministre dans le souvenir que la reconnaissance publique ne peut manquer de donner au Prêtre vénérable que notre cité a naguère perdu et dont je viens de tracer le nom.

Toutefois, au moment où je songe à parler de lui, je suis saisi d'un scrupule : ne vais-je pas porter une main téméraire sur sa vertu préférée?

Car, il sera toujours difficile de s'entretenir avec exactitude des hommes de Dieu.

Comment, en effet, connaître clairement des vertus expressément cachées? Certaines vies ne peuvent être comprises et pénétrées que par des hommes semblables.

C'est pourquoi, nous ne pouvons avoir la pensée de présenter ici, une biographie de M. l'abbé Motte ; ou bien, il nous faudrait un concours qui ne nous est pas offert en ce moment.

Aujourd'hui, nous désirons seulement, nous donner la consolation de parler, non du prêtre ascète, mais de l'homme excellent, tel qu'il nous est apparu, ainsi qu'à d'autres, gens du monde comme nous.

I

Pour ceux qui peuvent l'ignorer, l'origine de M. l'abbé Motte est notre propre diocèse. Il était né à Fréteval, près Vendôme, de parents modestes et chrétiens.

Son père avait voulu lui donner la profession de bourrelier. Ce souvenir nous est rappelé par une anecdote de sa vie, qu'il s'était plu à nous conter.

Son maître d'apprentissage l'avait, une fois, conduit avec lui chez un fermier où il devait passer une journée de travail : c'était un jour d'abstinence, et, au repas, la ménagère avait servi des aliments gras. — Résolument, le jeune apprenti en fit refus.

Cet acte de courage à l'encontre du respect humain, « l'avait rendu très heureux, » nous dit-il.

Peu après, ses goûts et sa vocation se prononçant, il entra au séminaire.

Devenu prêtre, il a occupé deux postes, pour ne pas dire un seul. La cure de Courmemin le posséda peu de temps, et il devint aumônier de l'Hôtel-Dieu de Romorantin, poste qu'il a occupé, peut-on dire, toute sa vie.

C'est pendant cette carrière, que nous avons été mis à même de connaître le trésor de bonté et de vertus qui nous était échu.

Ce qui n'était peut-être pas encore sa vertu acquise, l'humilité, mais la modestie ou bien la timidité, nuisit un peu à son action au commencement de son ministère. Mais cela ne tira pas à conséquence.

Qui de nous n'a le souvenir de sa propre surprise, lorsque M. l'abbé Motte, en chaire, donnait à craindre qu'il ne continuerait pas, tant était faible sa voix et son attitude gênée ? Mais, bientôt l'intonation se rafermissant, sa parole devenait énergique, ardente même, sous la chaleur de son zèle et de sa pensée.

M. Motte n'était pas orateur, mais cela n'empêchait pas que sa diction fût correcte et même châtiée, quand il prêchait.

Cet homme, que dans maintes circonstances à cause de sa grande humilité, on aurait pu croire sans valeur, parce qu'il se vouait volontiers au silence, quand il se trouvait avec gens verbeux, ou même gens d'esprit, aurait été bien mal jugé par vous, si vous ne l'aviez connu qu'en passant.

M. l'abbé Motte était au fond, tout ce que vous lui auriez refusé d'être. Docte, oui, et j'insiste ; lettré, logicien, homme de goût ; délicat en fait de style, critique plein de tact ; — dirai-je un artiste ? Eh ! bien oui. Et, si cela doit confondre, j'ajoute : musicien, très appréciateur dans les nuances les plus délicates. Et, j'en connais, qui ne se croyant pas trop dépourvus sous·ce rapport, c'est-à-dire en choses d'art et de goût, se sentirent obligés de battre en retraite sur plus d'un chapitre, où la palme de l'approbation avait été donnée à une œuvre, qui à son sens très motivé, ne la méritait pas.

Et, c'est M. l'abbé Motte, bien observé, qui m'a définitivement convaincu, que parmi les hommes de Dieu, faisant profession de renoncement et de vertus cachées, il a dû et il doit encore se rencontrer, et en nombre, des hommes de grand esprit, de science profonde et même de génie, restés volontairement inconnus, pour ne resplendir qu'au jour, voulu de Dieu, et des clartés surnaturelles.

L'humilité chrétienne n'abaisse point les esprits, non plus que les caractères. Celle de l'abbé Motte ne l'annulait pas. Si, sa personnalité seule se trouvait engagée en quelque point, le cas avait peu de valeur à ses yeux. Plein de sensibilité comme il était, on pouvait bien sans le vouloir, le faire beaucoup souffrir, soit à l'occasion d'une opinion à lui, mal accueillie, ou plus mal combattue, soit encore s'il se produisait en sa présence un thème de conversation plus ou moins inopportun. Dans ces occasions là, vous voyiez l'homme prudent se replier, se retrancher dans le silence. Mais que, d'aventure, les intérêts de l'Eglise ou du ministère sacerdotal vinssent à se trouver en cause, alors le regard ne demeurait plus abaissé, ni la bouche silencieuse, et le soldat généreux savait relever le gant à l'agresseur. Sur le terrain déclaré des principes, il n'y avait plus à s'attendre à des concessions de la part de l'interlocuteur d'ordinaire si réservé.

J'ai prononcé le mot de sensibilité à propos de M. l'abbé Motte, et, le calme, qui était comme le vêtement de sa personne, aurait pu faire croire qu'il en était devenu affranchi, suivant le reproche que des esprits superficiels ou prévenus, se permettent à l'endroit des hommes de religion, chez lesquels, la vertu, prétendent-ils, *tue* la sensibilité naturelle.

Pour contredire efficacement à cette accusation générale imméritée, et particulièrement en ce qui regarde M. l'abbé Motte, il n'y aurait qu'à les introduire, au matin des obsèques de sa mère bien-aimée, dans cette bonne maison où elle est décédée et où M. Motte l'avait si heureusement fait habiter afin de la posséder non loin de lui.

En ce jour, se trouvaient là des amis, à la fois observateurs. Or, chez un homme intérieur, comme fut M. l'abbé Motte, on était en droit d'espérer que la résignation à la volonté divine lui aurait obtenu pour cette grande affliction, l'adoucissement qui procure le calme extérieur. — Rien de pareil. — Abattement complet, traits bouleversés ; voilà ce qui se remarquait sur le visage de M. Motte et dans son attitude brisée.

Il y eut en cette circonstance, comme une éclipse à sa sérénité habituelle. — Le bon et tendre fils avait vaincu, ce jour là, le prêtre austère.

La religion ne tue pas le cœur.

II

M. l'abbé Motte n'était pas seulement humble, il était encore un homme doux.

L'humilité et la douceur ne se séparent point.

Jésus, notre type, a dit, se caractérisant lui-même :

« Je suis doux et humble de cœur... » Parole touchante et lumineuse, montrant la vraie douceur incompatible avec l'orgueil, et la véritable humilité comme un goût du cœur !

D'une autre part, le même Jésus, notre docteur, énumère, sur la montagne, les vrais biens, ou béatitudes, et il prononce :

« Heureux les doux, parcequ'ils posséderont la terre... »

Cette terre ! c'est la réunion des hommes.

Posséder la terre, c'est donc avoir gagné le cœur de ses semblables.

Mais, la vertu de douceur n'est pas affaire de tempérament. Dans ce cas, elle n'est pas vertu. C'est une qualité naturelle, un don.

Au contraire, la vertu est virile, acquise et non infuse.

Saint François de Sales, dit l'aimable saint, à cause de sa douceur, dut *pétrifier* son fiel, pour conquérir la vertu de douceur.

A la vérité, les combats ne sont pas tous aussi difficiles.

Dieu seul a bien connu ceux de M. Motte. — Il fut doux. Et cette vertu, unie à son humilité, les deux combinées entre elles, imprimèrent sur sa personne cet extérieur à part et sympathique, dont chacun, rien qu'à sa rencontre, se sentait impressionné.

Mais, cette vertu si visible en lui n'était pas le produit naturel de son tempérament ; et s'il m'était permis, j'oserais affirmer qu'elle avait été conquise virilement, et non sans combats.

Chez les hommes de sainteté, la source de leurs vertus et la solidité de celles-ci, ne se trouvent pas ailleurs.

La bonté inaltérable de M. l'abbé Motte lui avait gagné les cœurs, dans toutes les classes de la société. La notoriété de ce fait dispense de l'établir. Elle se trouve existante dans l'expérience de chacun, en cette ville où il a vécu et même au-delà de ses limites.

Qu'il suffise, au surplus, de rappeler le témoignage qui en fut donné : il n'a pu tomber en oubli.

Le bruit se répand un jour, que M. l'abbé Motte est destiné, par son évêque, pour d'autres fonctions. La population entière s'en émeut, une pétition est formulée à la hâte. On la fit circuler parmi les habitants, qui s'y inscrivirent unanimement.

Sur cette supplique, qui fut retirée, après les craintes dissipées, se rencontrent des suffrages auxquels on avait été loin de s'attendre. Ils y sont cependant, comme pour prouver que l'estime des hommes, pour la vertu, l'emporte sur leurs opinions et leurs passions.

Le seul spectacle de la vertu n'est pas stérile, même sur les âmes que le trouble a écartées.

A cet égard, il faut bien dire que Dieu seul peut connaître l'abondance des fruits obtenus, durant le cours du ministère de M. l'abbé Motte parmi nous.

La piété de M. Motte était douce, simple, aucunement démonstrative.

Sa vertu, pourtant austère, ne pesait à personne.

Sa *manière* était de laisser beaucoup faire à Dieu.

Il était la discrétion même. On ne l'aura jamais trouvé coupable de la moindre ingérance, en dehors de son ministère.

On a dit que s'il s'était fait l'arbitre de ses goûts, le prêtre séculier fut devenu de bonne heure un religieux profès.

Mais l'obéissance à ses supérieurs était une autre vertu. Elle fut encore la sienne.

Quoiqu'il en soit de ce détail, une fois fixé sur l'emploi de sa vie, il nous a voué celle-ci sans aucune réserve.

La survenance de la maladie, qui le tint pendant deux années, ne put ralentir son courage.

Il semble qu'il n'ait pas voulu s'arrêter de lui-même. Il n'a consenti à voir le signal de Dieu, que dans l'impuissance absolue où le mit enfin la maladie qui nous l'a enlevé.....

Nous ne le verrons plus !!!

Mais, un devoir et une consolation nous sont légués par sa mort :

Le regretter...... et nous souvenir.

Romorantin, Imp Joubert.